Die

Erweiterung des Schutzes gegen Nachdruck

zu Gunsten der Erben verdienter Autoren.

Von

M. Veit.

BERLIN.

Verlag von Veit & Co.

1855.

Am 11ten Dezember 1854 ist den Preussischen Kammern ein Gesetzentwurf, betreffend die Erweiterung des Schutzes gegen Nachdruck und verbotene Nachbildung zu Gunsten der Erben verdienter Autoren, vorgelegt worden.

Der Gesetzentwurf lautet:

„Der Schutz, welcher gesetzlich literarischen und artistischen Erzeugnissen gegen den Nachdruck und jede andere unbefugte Vervielfältigung auf mechanischem Wege binnen eines gewissen Zeitraums nach dem Tode des Urhebers gewährt worden ist, kann in einzelnen Fällen zu Gunsten der Erben verdienter Autoren noch über diesen allgemeinen gesetzlichen Zeitraum hinaus im Wege der Verordnung verlängert werden.

Die Motive sagen hierüber:

„Durch das Gesetz zum Schutze des Eigenthums an Werken der Wissenschaft und Kunst gegen Nachdruck und Nachbildung, vom 11ten Juni 1837 (Gesetz-Sammlung S. 165.) §. 6. ist der darin den Autoren solcher Werke verliehene Schutz gegen Nachdruck und gegen jede andere unbefugte Vervielfältigung auf mechanischem Wege auch den Erben der Autoren und zwar auf die Dauer von dreissig Jahren nach dem Tode des Autors gewährt worden. Eine gleiche Schutzfrist hat auch der für Preussen durch das Patent vom 16ten Januar 1846 (Gesetz-Sammlung S. 149.) publizirte Beschluss der deutschen Bundes-Versammlung vom 19ten Juni 1845 wegen Erweiterung des Schutzes für Werke der Literatur und Kunst gegen Nachdruck und mechanische Vervielfältigung für die Erben der Autoren unter Nr. 1. angeordnet."

„Nach diesen allgemeinen Bestimmungen können daher die Erben der Urheber von Werken der Wissenschaft und Kunst der Regel nach einen gesetzlichen Schutz des Eigenthums an diesen Werken gegen Nachdruck und andere unbefugte Nachbildung nicht länger als dreissig Jahre nach dem Ableben ihres Erblassers in Anspruch nehmen."

Diese von den Motiven gegebene Darstellung des Sachverhalts leidet aber an einem wesentlichen Mangel, indem darin der für die vorliegende Materie so überaus wichtigen Verordnung vom 5ten Juli 1844, betreffend den Schutz gegen Nachdruck für die vor Publikation des Gesetzes vom 11ten Juni 1851 erschienenen Werke gar keine Erwähnung geschieht.*)

Gleich nach dem Erscheinen des Gesetzes von 1837 wurde nämlich von Sachverständigen auf eine empfindliche Lücke desselben hingewiesen. Der §. 35 bestimmte zwar, dass das gegenwärtige Gesetz auch zu Gunsten aller bereits gedruckten Schriften zur Anwendung kommen sollte; derselbe konnte jedoch unmöglich so weit gedeutet werden, dass auch diejenigen Schriften, deren Verfasser schon seit länger als dreissig Jahren gestorben waren, unter den gesetzlichen Schutz einbegriffen werden durften. In diesem Falle aber waren nicht wenige von den ersten Schriftstellern der Nation und für Andere wäre die gesetzliche Schutzfrist in wenigen Jahren abgelaufen. So hatte der Gesetzgeber, ohne es zu wollen, ja gewiss ganz gegen seine Absicht, ein gutes Theil wohlerworbener, für die Literatur wie für den Buchhan-

---

*) v. Rönne, Ergänzungen, dritte Ausgabe, Band 6. Seite 552. Im Koch'schen Landrecht fehlt das Gesetz. Hinc illae lacrymae?

del bedeutungsvoller Verlagsrechte mit Einem Schlage vernichtet. Zwar hatte der Bundesbeschluss vom 29ten November 1837 im Art. 2 eine rückwirkende Kraft der von ihm angeordneten, freilich karg gemessenen, Schutzfrist von zehn Jahren auf die letzt verflossenen zwanzig Jahre festgestellt; aber diese Bestimmung reichte nicht aus und die preussische Gesetzgebung sah sich nach siebenjährigem Zögern, im Jahre 1844, genöthigt, die Rechtsfiction aufzustellen, dass alle vor der Emanation des Gesetzes von 1837 verstorbenen Autoren so angesehen werden sollten, als ob sie am 11ten Juni 1837 gestorben wären. Das Gesetz sagt darüber im §. 1.:

> Der Schutz des Gesetzes vom 11ten Juni 1837 soll auch für diejenigen vor Publikation desselben im Inlande erschienenen Schriften u. s. w. Statt finden, welche durch die damals gültigen Gesetze gegen Nachdruck noch geschützt waren.

Und im §. 2.:

> Dieser Schutz dauert, wenn der Autor auf einer solchen Schrift genannt und bei Publikation des Gesetzes vom 11ten Juni 1837 noch am Leben war, während seiner Lebenszeit wie auch dreissig Jahre nach seinem Tode, in allen andern Fällen dreissig Jahre von Publikation jenes Gesetzes.

Um jedoch über die Motive des Gesetzes nicht den mindesten Zweifel zu lassen und nicht der Meinung Raum zu geben, als ob die erweiterte Schutzfrist nur der Anfang neuer Erweiterungen sein sollte, bestimmt der §. 3.:

> Mit dem Ablauf der im §. 2. bestimmten Frist hört in Ansehung aller vor Publication des Gesetzes vom 11ten Juni 1837 erschienenen Schriften u. s. w. jedes ausschliessliche Recht zur Vervielfältigung auf.

Hiernach ist also für Preussen ein gesetzlicher Schutz bis zum Jahre 1867 gewährleistet, jeder weitergehende Schutz aber ausdrücklich untersagt worden.

„Es versteht sich von selbst“, fahren die Motive fort, „dass im legislativen Wege den Erben einzelner Autoren ausnahmsweise auch längere Fristen als die erwähnte dreissigjährige bewilligt werden können." Das ist so unzweifelhaft, als dass ein Gesetz durch ein anderes beseitigt werden kann; wenn dies aber, wie im vorliegenden Falle, von der Regierung vorgeschlagen wird, so durften doch mindestens die Motive nicht davon schweigen, dass es sich um die eventuelle Aufhebung eines nach mühsamen Vorarbeiten zu Stande gekommenen, überaus wichtigen Gesetzes handelt.

Die Motive führen weiterhin aus, dass die Ertheilung besonderer Privilegien, die einen über den Endtermin eines dreissigjährigen Zeitraums nach dem Ableben des Autors zum Theil weit hinausreichenden Schutz gewährt haben, schon mehrfach vorgekommen sei. Privilegien der Art würden im Augenblick von den Schiller'schen Erben wieder nachgesucht und da jede solche Bewilligung nach der jetzt in Preussen bestehenden Verfassung nur durch ein förmliches, specielles Gesetz geschehen könne, so dürfe es angemessen erscheinen, ein für allemal durch einen legislatorischen Act die Regierung zu ermächtigen, die nachgesuchten Privilegien mittelst Verordnung zu ertheilen.

Nach dieser harmlosen Darstellung, welche das vorgeschlagene Gesetz fast nur als einen Act der Bequemlichkeit gelten lässt, sollte man meinen, dass die erwähnten Privilegien auf Schillers, Herders, Wielands und Jean Pauls Werke qualitativ derselben Natur seien wie diejenigen, welche die Regierung in Folge der von ihr nachgesuchten Ermächtigung auszufertigen das Recht haben würde. Aber dem ist nicht so. Denn jene aus den Jahren 1838 bis 1842 herrührenden Privilegien gehen über das Jahr 1862 nicht hinaus, erreichen also noch nicht einmal die seit 1844 allgemein gültige Schutzfrist und können aus diesem Grunde gar nicht mehr als Privilegien gelten. Wenn aber von neuem zwanzigjährige Privilegien ertheilt werden, so gehen dieselben nicht bloss, wie die Motive sagen, über den dreissigjährigen Zeitraum nach Ableben des Autors, sondern auch über das Jahr 1867, die letzte von dem Gesetz bewilligte Schutzfrist, weit hinaus.

Dies ist der Angelpunkt der Frage und hierüber, nicht über eine blosse Formalität, werden die Kammern zu entscheiden haben.

„In materieller Beziehung", so schliessen die Motive, „dürfte der Gesetzentwurf zu Bedenken keine Veranlassung geben." Aber gerade in dieser Beziehung walten die schwersten Bedenken vor.

Es wird nämlich leicht zu erweisen sein, dass der vorliegende Gesetzentwurf die richtige, von der preussischen Gesetzgebung mit dem Gesetz vom 11ten Juni 1837 eingeschlagene Bahn verlassen hat.

Im vorigen Jahrhundert war das literarische Eigenthum einer so heillosen Willkühr preisgegeben, dass z. B. in einer Berliner Verlagsbuchhandlung eine Gesammt-Ausgabe von Goethe's Schriften erscheinen konnte, noch bevor Goethe die erste Sammlung derselben besorgt hatte. In jedem deutschen Lande wurde nachgedruckt, was in dem andern erschienen war. Das preussische Landrecht machte diesem Zustand für Preussen ein Ende und proclamirte, indem es zum entgegengesetzten Extrem überging, das ewige Verlagsrecht. Im südlichen Deutschland dagegen dauerte das Unwesen des Nachdrucks in höherem oder geringerem Grade noch länger als ein Menschenalter fort. Und wie für jede missbräuchliche Praxis sehr bald eine Theorie sich einfindet, um jene zu beschönigen und aufzuputzen, so entbrannte ein heftiger Principienkampf zwischen den Vertheidigern des Nachdrucks und des ewigen Verlagsrechts. Die Einen behaupteten, sie hätten das in ihrem Besitz befindliche Exemplar rechtlich erworben und könnten nunmehr mit demselben nach Belieben schalten, die Andern übertrugen auf das Verlagsrecht die volle Consequenz des Eigenthums. Auch jenes Argumentum ad hominem eines handfesten Verlegers, der im Streit mit einem Nachdrucker plötzlich ausrief, er habe seinen Stock rechtlich erworben, er könne daher mit demselben nach Belieben schalten und den Freibeuter unbarmherzig zerbläute, war nicht eben geeignet, die Frage zum Austrag zu bringen.

Der Principienstreit würde wohl noch heutigen Tages fortdauern, wenn sich nicht bei praktischen und besonnenen Männern eine mittlere Meinung gebildet hätte. Man fing nämlich an, sich die Verschiedenheit des Eigenthums an Geisteswerken und an Sachen klar zu machen. Man musste einräumen, dass die Gedanken des Autors nicht in derselben Weise seine eignen seien, wie sein Haus, wie seine Kleider; alle geistigen Ueberlieferungen der Menschheit setzen sein Genie in Bewegung, er schöpft aus den Vorräthen, welche die Zeit, welche die Nation ihm darbieten, aber er prägt dem Stoff den Stempel seines Geistes auf und, indem er ihn schöpferisch verarbeitet, ist er zugleich allezeit Mehrer des nationalen Gedankenschatzes. Man machte die Bemerkung, dass die meisten wissenschaftlichen Forschungen, selbst vom höchsten Range, in das Gesammtbewusstsein der gelehrten Welt aufgehen, und dass die Form, in der sie ursprünglich dem Publikum überliefert wurden, nicht von der Bedeutung sei, um jene Werke noch nach Verlauf etwa eines halben Jahrhunderts als Gegenstände des buchhändlerischen Verkehrs, also des Nutzens für den Autor und dessen Erben, erscheinen zu lassen. Es wird nur wenige Ausnahmen von dieser Regel geben. Nur die Werke, denen das künstlerische und philosophische Genie die unzerstörbare Physiognomie ihres Schöpfers gegeben hat, überdauern die Zeit. Aber diese wenigen Werke, so schloss man weiter, sind so sehr das unveräusserliche Eigenthum der Nation, dass sie nicht in demselben Maasse, mindestens nicht auf die Dauer, das Eigenthum einer einzelnen Person sein können. Der Eigenthümer kann sein Eigenthum für sich behalten, er kann die Bedingungen vorschreiben, unter denen Andere es benutzen dürfen, er kann es vernichten. Soll, so fragte man sich, der Urenkel des ursprünglichen Verlegers der Nation immer noch vorschreiben, in welcher Ausstattung, in welcher Zusammenstellung, zu welchem Preise sie die Werke ihrer Lieblinge soll erwerben dürfen? Soll nicht irgendwann die Zeit kommen, wo diese zum Geisteseigenthum der Nation gewordenen Werke auch im gewerblichen Sinne zum Gemeingut derselben werden, so dass die literarische und buchhändlerische Industrie sich ihrer bemächtigen, um diese unversieglichen Quellen in tausend und abertausend Kanälen dem Geringsten im Volke zugänglich zu machen? Der Gedanke des literarischen Gemeingutes breitete sich aus und fasste immer tiefere Wurzel.

Von der andern Seite verhehlte man sich aber auch nicht, dass es recht und billig sei, das Genie die Früchte seiner Arbeit geniessen zu lassen, die ihm, so lange es lebt, gewiss nicht entzogen werden dürfen. Aber auch die Sorge für die nächsten Angehörigen ihm zu erleichtern und auch sie an diesen Früchten Theil nehmen zu lassen, hielt man für Pflicht und auf diesem Wege kam man zu dem Gedanken des beschränkten Verlagsrechts, und gestand dem Autor das ausschliessliche Nutzungsrecht an seinen Werken während seines Lebens und ein Menschenalter, dreissig Jahre, nach seinem Tode zu.

Diese Auffassung blieb glücklicherweise nicht bloss eine Theorie, sie gewann ihren concreten Ausdruck in der preussischen Gesetzgebung von 1837 und, durch die Bemühungen Preussens, in den Bundesbeschlüssen von 1837 und 1846.

Die Motive des Gesetzes vom 11. Juni 1837, wie sie in der Hitzig'schen Bearbeitung desselben vorliegen, sowie die Denkschrift des Börsenvereins der deutschen Buchhändler vom Jahre 1834, die auf die Berathungen des Bundestages wesentlichen Einfluss geübt hat, legen ein urkundliches Zeugniss für eine neue Auffassung des literarischen Eigenthums ab.

Diese veränderte Rechtsanschauung ist aber keine zufällige. Dem „nachwachsenden Geschlecht", dessen bewundernde Anerkennung dem greisen Goethe so wohl that, war die klassische Literatur der Deutschen in ganz anderer Weise ein Lebensbedürfniss geworden, als sie es den Zeitgenossen gewesen war; sie drang in immer weitere Kreise vor und so erzeugte sich natürlich der Wunsch, die geistige Nahrung der Nation nicht auf immer einem Monopol verfallen zu sehen, wodurch sie nothwendig vertheuert werden muss.

Dieselbe Wandlung der Begriffe ist in anderen Ländern, und aus denselben Gründen, vorgegangen. Auch England hatte noch im siebzehnten Jahrhundert ewiges Verlagsrecht; später wurde dasselbe auf die Dauer von 28 Jahren beschränkt und, wenn der Verfasser diesen Zeitpunkt überlebte, auf die Lebenszeit desselben. Macaulay, einer der wenigen Zeitgenossen, die Werke für die späte Nachwelt geschaffen haben und eben deshalb ein gewiss nicht verwerflicher Zeuge, brachte im Jahre 1841 die Talfourd-sche Bill, den Schutz von Büchern auf 60 Jahre nach dem Tode des Autors auszudehnen, durch die schlagendsten Argumente zu Falle, und im folgenden Jahre wurde sein Antrag zum Gesetz erhoben, die 28jährige Dauer des Verlagsrechts auf eine 42jährige zu erhöhen — ein Schutz, der in den meisten Fällen hinter dem durch das preussische Gesetz gewährten weit zurückbleibt. Er fasste seine Beweisführung in dem Satz zusammen: „Es ist gut, dass Schriftsteller belohnt werden, und die am wenigsten tadelnswerthe Weise, sie zu belohnen, wird durch ein Monopol erreicht. Dennoch ist ein Monopol ein Uebel. Um des Guten willen müssen wir das Uebel tragen, aber das Uebel darf nicht einen Tag länger dauern, als nöthig ist, um das Gute zu sichern." Von einer Ausnahme zu Gunsten einzelner verdienter Schriftsteller ist auf keiner Seite des Hauses die Rede gewesen.

Nach diesem Rückblick auf die Geschichte des Verlagsrechts wird nicht bestritten werden können, dass ein Abweichen von der im Jahre 1837 gewonnenen Rechtsgrundlage, eine abermalige Hinneigung nach dem unbeschränkten Verlagsrecht ein Rückschritt sei, der durch das Bedürfniss des literarischen Verkehrs nicht allein nicht geboten, sondern entschieden von demselben zurückgewiesen wird.

Die Vorlage will den Schutz gegen Nachdruck zu Gunsten der Erben „verdienter Autoren" erweitern. Der Grundsatz des Gesetzes von 1837 soll also scheinbar nicht aufgegeben, sondern neben der allgemein gültigen Regel ein Privilegium geschaffen werden. Man täusche sich aber nicht über die Tragweite dieses Gesetzentwurfes. Denn wenn man erwägt, dass nur Schriftwerke vom nachhaltigsten Werth länger als ein Menschenalter ihre Urheber überleben, so wird kaum einem derjenigen Schriftsteller, deren Erben überhaupt veranlasst sein werden, jenen verlängerten Schutz nachzusuchen, das Prädikat eines „verdienten Autors" verweigert werden dürfen. Aber gerade darauf kommt es an, dass eben diese verdienten Autoren literarisches Gemeingut werden und hieraus folgt wieder, dass die Ausnahme so weit gegriffen ist, um möglicherweise die Regel völlig aufzuheben.

Aber, könnte man einwenden, der erweiterte Schutz soll nur den „Erben" zugestanden, es soll dem Familienadel, der in den Augen der Nation mit der Abstammung von einem berühmten Schriftsteller zusammenhängt, ein entsprechender Familienbesitz gewährleistet werden. Der Gedanke ist nicht ohne Reiz und poetischen Schwung, aber, gestehen wir es uns ein, wir sind mit demselben an die Grenze alles Rechts und in die Gefahr gerathen, einer bodenlosen Willkühr zu verfallen. Bis zu welchem Grade in absteigender Linie und in der Seitenlinie soll die Verwandtschaft des Autors diesen Anspruch auf das Privilegium erheben dürfen? Soll der Enkel von Theodor Körner's Adoptivbruder noch als der Erbe des Dichters gelten? Und warum nicht, wenn er nach dem Gesetze der einzige rechtmässige Erbe wäre? Und wenn der Autor bei seinen Lebzeiten sein Recht ausschliesslich auf einen Verleger übertragen und denselben zu seinem Rechtsnachfolger gemacht hätte, sind die Nachkommen des Verlegers nicht die Erben des Autors? Da aber vorzugsweise die „Erben" genannt werden, so scheint es, dass den Rechtsnachfolgern eine verlängerte Schutzfrist nicht gewährt werden soll. Aus welchem Grunde? Der Verleger erwirbt sich oft ein weit grösseres Verdienst um seinen Autor und steht seiner schriftstellerischen Thätigkeit viel näher als dessen leibliche Nachkommen. Zudem läuft die Nation weit geringere Gefahr bei dem Verleger, der schon aus kaufmännischen Rücksichten dafür sorgen wird, seine Verlagsartikel zu fördern und zu verbreiten, während es irgend einem grillenhaften Enkel einfallen kann, aus Scham über seinen schriftstellernden Grossvater, die Werke desselben nicht weiter zu veröffentlichen. Und ist der Fall so undenkbar, dass ein pietistischer Grossneffe Lessing's den Nathan und Anti-Götze, oder dass ein radicaler Erbe Neander's das Leben Jesu seines Erblassers unterdrücken sollte?

Die gegenwärtigen Minister bürden ihren Nachfolgern im

Amt eine schwere Last durch die Ermächtigung auf, die sie sich von den Kammern übertragen lassen wollen. Was dem Einen bewilligt worden, aus welchen Gründen soll es dem Andern versagt werden? Und welche Principien werden überhaupt für die Bewilligung wie für die Versagung aufgestellt werden? Denn ohne alle Principien dürfte doch wohl nicht auszukommen sein, weil es sich, sobald die Verdienstlichkeit des Autors festgestellt ist, lediglich um eine Rechtsfrage, nämlich darum handelt, ob eine berechtigte Erb- und Rechtsfolge vorhanden sei? Und doch spricht der Entwurf nur davon, dass in einzelnen Fällen ein ausnahmsweiser Schutz gewährt werden kann.

Jede Abweichung von dem gemeinen Recht, das Allen mit gleichem Maasse misst, ist von der höchsten Gefahr. Die fröhliche Mannigfaltigkeit überkommner Rechtszustände mag für Manchen eine wahre Erquickung sein, und sie wird sich in vielen Gebieten des Staatslebens nicht ohne Gefahr beseitigen lassen; aber eine solche Mannigfaltigkeit zu schaffen, wo ein gemeines, alle Theile zufriedenstellendes, nach schwerem Kampfe gewonnenes Recht besteht, ist ohne Zweifel vom Uebel.

Und welchen Einfluss soll diese bunte Musterkarte von Autorrechten auf den Buchhandel ausüben? Sie wird gewiss ein neues und sehr wichtiges Thema für die Prüfungs-Commissionen abgeben, die dem jungen Buchhändler vor seiner Niederlassung auf den Zahn fühlen; aber minder günstig dürfte sie auf den literarischen Verkehr selber einwirken. Die Ungleichheit des Schutzes und demgemäss die Ungleichheit der Wirkungen, die aus dem Fortbestehen oder dem Aufhören des Schutzes entspringen, muss die Begriffe des Publikums über das literarische Eigenthum verwirren und ein Missverhältniss zwischen seinen Forderungen und Demjenigen erzeugen, was der Buchhandel zu leisten im Stande ist. Wenn einzelne Schriften von Hippel oder Möser in neuen, billigen, zeitgemäss ausgestatteten Ausgaben zu haben sind, weshalb nicht auch Schriften von Herder und Goethe? So wird jeder Bücherkäufer fragen, ohne zu untersuchen, ob das eine Buch bereits Gemeingut geworden, das andere noch durch Privilegien geschützt ist; ja, die Gesetzkundigsten selbst werden vielleicht in jenen schwachen Momenten in die verhängnissvolle Frage einstimmen, wo sie sich für billiges Geld in den Besitz eines guten Buches zu setzen wünschen. Eine solche Stimmung der Bücherkäufer aber ist ganz dazu geeignet, von dem gewissenlosen Verleger ausgebeutet zu werden und, was das Schlimmste ist: das Publicum, das jetzt, unter der Herrschaft eines mässigen Gesetzes, dem Nachdruck abhold ist, wird einer milderen Beurtheilung des Vergehens geneigt werden, und sich in dem Maasse, in welchem die durch Verordnung erlassenen Privilegien sich häufen, mehr und mehr auf die Seite des Nachdruckers stellen. Dass in einem solchen Kampfe zu guter letzt auch die gesetzmässige Schutzfrist an der ihr gebührenden Achtung einbüssen wird, steht für jeden erfahrenen Geschäftsmann ausser aller Frage. Und wenn man endlich wieder in die verlassene Bahn des Gesetzes wird einlenken wollen, dann werden wohlerworbene Privatrechte im Wege stehen, die nicht anders als durch Entschädigung aus der Welt geschafft werden können.

Die Motive behaupten, dass die in Rede stehenden „exceptionellen Bewilligungen sich namentlich bei solchen Autoren rechtfertigen dürften, deren Werke durch ihren bedeutenden inneren Werth und ihren günstigen Einfluss auf die nationelle Bildung zu einer hohen öffentlichen Anerkennung sich vorzüglich eignen."

Es ist aber doch immerhin bedenklich, dass die Entscheidung über die nationale Bedeutung eines genialen Autors letztlich von der Regierung abhängen soll. Wird bei solchen Entscheidungen die jeweilige Parteiansicht nicht mit zu Rathe sitzen? Ich erinnere an die Bezeichnung: „Die sogenannte classische Literatur," die wir noch kürzlich von unserm Cultusministerium mit unwilligem Befremden haben vernehmen müssen. Und wenn die Macht der öffentlichen Meinung bei Goethe und Schiller jede Tendenz zum Schweigen brächte, wird sie sich nicht schon bei Herder und Lessing geltend machen? Und wie wird es um die officielle Anerkennung von Schleiermachers oder gar von Hegels Verdiensten bestellt sein? Soll einmal die Verlängerung der Schutzfrist als eine Art von nationaler Belohnung gelten, so erscheint es doch wohl angemessener, in jedem einzelnen Fall einen besondern Act der gesetzgebenden Gewalten zu veranlassen und ausser der Regierung auch die Stimme des Volkes in den Kammern zu hören.

Aber eben jene Voraussetzung ist es, die ich bestreite. Der Gewinn, den ein ferner Nachkomme aus dem Verkauf ihrer Werke ziehen kann, und der in den meisten Fällen schon heute sehr fraglich ist und immer mehr zusammenschrumpfen wird, ist wahrhaftig der Preis nicht, um welchen jene Heroen des Geistes gerungen haben. In dem Herzen der Nation zu leben, und in jedem neuen Geschlecht eine neue Auferstehung zu feiern, das war die Hoffnung, die ihnen im heissesten Kampfe die Stirn gekühlt hat. Könnte man heute ein Collegium aus den ersten Geistern der Nation zusammensetzen, um den von der Staatsregierung vorgelegten Gesetzentwurf zu begutachten, es würde, wie Macaulay's Beispiel darthut, den dargebotenen Schutz einstimmig zurückweisen.

Man übersehe aber auch ja nicht, dass Preussen durch das Gesetz von 1844 in Verbindung mit dem Bundesbeschluss von 1832 den deutschen Classikern einen viel weiter reichenden Schutz, als den von dreissig Jahren nach ihrem Tode, bereits gewährt hat.

So hat Justus Möser (gest. 1794) einen Schutz von 73, Herder (gest. 1803) von 64, Schiller (gest. 1805) von 62 Jahren nach seinem Tode. Die den Erben, wie den Verlegern vergönnte Frist von 1837 bis 1867 sollte als Entschädigung für die Aufhebung der ewigen Verlagsrechte gelten und diese Ablösungsfrist, um mich so auszudrücken, ist von allen Seiten als völlig genügend anerkannt worden. Es darf vielleicht auch angeführt werden, dass jene längere Schutzfrist auch deshalb gebilligt werden musste, weil die Autoren und deren erste Erben und Verleger in der Zeit des literarischen Faustrechts gelebt hatten, und durch den schamlosesten Nachdruck in ihrem Gewinn vielfach waren beeinträchtigt worden, eine erleuchtete Folgezeit ihnen daher eine Vergütung dieses Unrechts schuldig zu sein glaubte. Aber die ernstesten Erwägungen, sowohl vom literarischen als vom wirthschaftlichen Standpunkt, mahnen von einer abermaligen

Erweiterung der Schutzfrist ab, ja, sie führen darauf hin, dass jene Frist gegen das Interesse vieler, vielleicht der meisten der geschützten Autoren, bereits viel zu lange gedauert hat.

Ich bin weit entfernt, den Verlegern der deutschen Classiker den Vorwurf zu machen, als ob sie die Pflicht, die ihr Besitz ihnen auferlegte, nicht zu üben verstanden hätten. Manche derselben haben sich ihrer Aufgabe gewachsen gezeigt und vor Allen hat die Cotta'sche Buchhandlung, nach langjähriger Vernachlässigung ihres Berufs, seit dem letzten Jahrzehend eine anerkennenswerthe Thätigkeit entwickelt. Aber es liegt nun einmal in der Natur des Monopols, dass es die Trägheit und Bequemlichkeit fördert. Zudem wirkt die Anhäufung wichtiger Verlagsrechte in Einer Hand auf die Länge in wirthschaftlicher Hinsicht eben so schädlich, wie die übermässige Ausdehnung des Grundbesitzes. Der einzelne Besitzer hat weder Rührigkeit noch Betriebskapital genug, um die in seiner Hand befindlichen Rechte so auszubeuten, wie sie ausgebeutet werden würden, wenn der Concurrenz der freiste Spielraum gestattet wäre.

Einen oft beklagten Uebelstand, die schwerfälligen Gesammtausgaben unserer Classiker, werden wir wohl auch vor einem dereinstigen Heimfall ihrer Verlagsrechte nicht los werden. Die reifsten Werke ihres Geistes stehen neben Jugendarbeiten, Uebersetzungen und Schriften geringeren Gehalts; poetische neben philosophischen und theologischen in Reihe und Glied. Wie lange musste man, um Lessing's Schauspiele und die Dramaturgie zu besitzen, drei Bände Collectanen zur Literatur mit in den Kauf nehmen! Schiller's philosophische Schriften gehören gewiss zu den genialsten Hervorbringungen der deutschen Philosophie, aber auch zu den schwerverständlichsten, und doch gelangt kein Deutscher in den Besitz seiner Dramen, Gedichte und historischen Werke, ohne zugleich die ästhetische Erziehung des Menschengeschlechts, die ohne ein gründliches Studium der Kant'schen Philosophie nicht zu verstehen ist, auf seinem Bücherbret aufzustellen. Wie lange werden wir noch auf einen Goethe in zehn bis zwölf Bänden warten müssen, in denen seine vollendetsten Werke zusammengestellt werden können und ich glaube nicht zu viel zu sagen, wenn ich behaupte, dass Goethe erst dann die ihm gebührende Verbreitung finden wird. — Bedeutende Schriftsteller des vorigen Jahrhunderts, die nach ihrem geistigen Gehalte einen maassgebenden Einfluss auf die Gegenwart hätten gewinnen können, sind geradezu vernachlässigt, fast vergessen worden, weil der Verleger ihre Schriften entweder gar nicht, oder nicht zur rechten Zeit oder nicht in der rechten Art neu aufgelegt hatte. Einzelne Schriften von Herder, Hamann, Kant, Hippel, Möser, geschickt zusammengestellt, eingeleitet und erläutert, und in dieser Gestalt in die Debatte des Tages geworfen, würden von unglaublicher Wirkung gewesen sein und die Aufmerksamkeit der Gegenwart immer wieder von Neuem, wahrlich nicht zu ihrem Nachtheil, jenen grossen Denkern zugewendet haben. Es ist die Frage, ob das letzte Drittheil dieses Jahrhunderts — von 1867 an —, alle die edlen Keime wird wieder beleben können, die der bisherige Schutz bereits erstickt, die er vielleicht zu ewigem Schweigen verurtheilt hat.

Die günstigen Wirkungen des literarischen Gemeinguts liegen in England und Frankreich längst zu Tage und vielleicht darf die der Zahl nach geringere Productivität des dortigen Büchermarkts, zum Theil mindestens, dem glücklichen Umstande zugeschrieben werden, dass die englische und französische Presse in weit höherem Maasse als die unsrige mit dem Wiederdruck älterer Werke beschäftigt ist, über deren Werth oder Unwerth die öffentliche Stimme längst ein gültiges Verdict abgegeben hat. Noch heute z. B. ist der Tom Jones in England ein vielverbreitetes Buch; die früheren Arbeiten Fielding's sind zu literarischen Seltenheiten geworden. Und wie hoch auch Racine in der Meinung jedes Franzosen steht, so sind doch nur seine *oeuvres choisis* in Jedermanns Händen, während man seine schwächeren Dramen, wie billig, den Literaten überlässt.

Wenn man dagegen auf die unendliche Bändereihe von Autoren, die nicht wie Lessing, Goethe und Schiller die erste Stelle in der Zuneigung der Nation einnehmen, auf Herder's Wieland's, Johannes Müller's Werke nochmals einen prüfenden Blick wirft, so wird man das Zugeständniss nicht verweigern können, dass es eines classischen L e s e r s bedarf, um aus diesen Ausgaben der Classiker all' den Nahrungsstoff zu saugen, der in ihnen für einen heutigen Menschen in so reicher Fülle enthalten ist. Aber kein Einzelner im Volke darf sich rühmen, ein solcher classischer Leser zu sein, nur einen Einzigen giebt es, die Nation selbst, der ihr geistiger Besitz als Eigenthum anheimgefallen ist. Was in Alexandria einzelne Gelehrte zu unternehmen sich erkühnt haben — die Aufstellung eines Kanons der classischen Literatur — ein ähnlicher Läuterungsprozess, aber aus dem eigenen Geiste der Nation hervorgehend, durch das Feuer der Kritik und den Trieb kaufmännischer Speculation angefacht und genährt, wird des literarischen Gemeinguts der Deutschen sich bemächtigen. Und da Jeder an dieser gemeinsamen Arbeit Theil nehmen darf, der Beruf und Lust dazu in sich trägt, da sie zu keiner Zeit abgeschlossen, sondern immer von Neuem aufgenommen werden kann, so wird das Geschäft der Ausscheidung wie der Aneignung der Nation selbst in die Hand gegeben sein.

Noch einmal! Diesen Zeitpunkt in ungewisse Ferne zu rücken, ist von Gefahr für das geistige Gedeihen der Nation. Man prüfe doppelt und dreifach, bevor man sich dazu entschliesst, den ersten Schritt von dem gemeinen Rechte abzuweichen!

Welchen Weg hat nunmehr die Gesetzgebung einzuschlagen? Offenbar denselben, den Preussen von jeher in dieser nationalen Angelegenheit gegangen ist, indem es die von seiner Gesetzgebung aufgestellten Grundsätze zur allgemeinen Geltung gebracht hat.

Wenn die Motive anführen, dass der vorgeschlagene Weg „sich auch noch insbesondere wegen der Erleichterung empfehle, die damit der diesseitigen Regierung in der Stellung verschafft werde, welche dieselbe in Beziehung auf die Verleihung ausgedehnter Schutz-Privilegien dem Bundestage gegenüber einnimmt," so darf wohl das gerechte Bedenken ausgesprochen werden, ob die deutschen Regierungen geneigt sein werden, eine Erweiterung der von ihnen gesetzlich festgestellten Schutzfrist eintreten zu lassen. So verordnet z. B. die Königl. sächsische Gesetzgebung, nächst der preussischen die wichtigste für Literatur und Buchhandel, ausdrücklich (Gesetz vom 22. Februar 1844, §. 3):

> Mit Ablauf der Frist, während welcher ein Geisteserzeugniss den vorstehend geordneten Rechtsschutz zu geniessen hat, wird dasselbe zum Gemeingut, dessen Vervielfältigung einem Jeden freisteht, der überhaupt nach den bestehenden gewerbepolizeilichen Bestimmungen zu dergleichen gewerblichen Unternehmungen befugt ist.

Und wie sollte man sich auch entschliessen, wieder zu einer Maassregel seine Zuflucht zu nehmen, die, wie das Privilegienwesen, der Kindheit des Buchhandels angehört, die den allgemein angenommenen Grundsätzen, nicht blos des deutschen, sondern auch des europäischen literarischen Rechts widerstrebt und dem bereits eingeleiteten internationalen Verkehr der Culturvölker des Erdtheils unnöthige Hindernisse in den Weg legt.

Aus der Uebereinstimmung des vorher angeführten §. 3 des sächsischen Gesetzes von 1844 mit §. 3 der preussischen Verordnung von demselben Jahre geht deutlich hervor, dass beide Regierungen zur Zeit des rühmlichen Abschlusses ihrer literarischen Gesetzgebung entschlossen waren, sich von den Sonderinteressen Einzelner nicht weiter vorwärts drängen, sondern es bei dem reichlich gewährten Schutze fortan bewenden zu lassen. Auf diesen Standpunkt zurückzukehren und durch die Ergänzung der mangelhaften Bundesgesetzgebung von 1845 dem Monopolwesen ein Ende zu machen, dies scheint nach allen Präcendentien der einzig angemessene Weg für die preussische Regierung zu sein.

Hätte nämlich der Bundestagsbeschluss vom 19. Juni 1845 den Grundsatz des rückwirkenden Schutzes im Sinne der preussischen und sächsischen Gesetzgebung aufgenommen, so würde die Nachsuchung eines Privilegiums mit Hinweisung auf diesen

Schutz einfach zurückgewiesen werden können. Es wird daher lediglich darauf ankommen, einen Bundestagsbeschluss nach der Analogie der Verordnung vom 15. Juli 1844 zu vereinbaren. Da der Ablauf der Schutzfrist für die einzelnen Staaten verschieden normirt ist — für Preussen z. B. 1867, für Sachsen 1874 — so wird gleichzeitig eine Verständigung über einen gemeinsamen *terminus ad quem* herbeizuführen und das Verbot einer ferneren Ertheilung von Privilegien auszusprechen sein.

Das Privilegium für die Schiller'schen Erben läuft erst in drei Jahren ab. Man sollte meinen, dass das neue Bundesgesetz noch vorher erlassen sein könnte. Wäre dies nicht zu erwirken, so bliebe ja der preussischen Regierung immer unbenommen, ohne dass es dazu eines legislativen Actes bedarf, einer Erweiterung jenes Privilegiums Seitens des Bundestages ihre Zustimmung zu geben, sofern dasselbe nur vor dem 11. Juni 1867 seine Endschaft erreicht.

Die Publication solcher Privilegien in Preussen ist übrigens lediglich Sache der Form, da die Schiller'schen Erben auch ohne dieselben geschützt sein würden. Denn auf Preussens Antrag ist schon am 6. September 1832 durch Bundesbeschluss festgestellt worden, dass in Zukunft der Unterschied zwischen den eigenen Unterthanen und jenen der übrigen im Bunde vereinten Staaten gegenseitig und im ganzen Umfange des Bundes in der Art aufgehoben werden soll, dass die Herausgeber, Verleger und Schriftsteller eines Bundesstaates sich in jedem anderen Bundesstaate des dort bestehenden gesetzlichen Schutzes gegen den Nachdruck zu erfreuen haben sollen.

Möge das Votum der preussischen Kammern dazu beitragen, den Abschluss der allgemeinen deutschen Gesetzgebung über den Schutz des schriftstellerischen und künstlerischen Eigenthums, wenigstens mittelbar, zu fördern.

Berlin, am 28. Dezember 1854.

Druck von G. Bernstein in Berlin, Mauerstr. 53.

FSC
www.fsc.org
MIX
Papier | Fördert
gute Waldnutzung
FSC® C083411

Kolibri 360 GmbH
Ferdinand-Jühlke-Straße 7
99095 Erfurt, Deutschland
produktsicherheit@kolibri360.de